まいにち絶品！

「サバ缶」おつまみ

きじまりゅうた

JN184221

青春新書 PLAYBOOKS

SA  BA

「サバ缶」て、使い勝手の良さでは最強かもしれない。なによりお手頃価格でうまい。魚なのに手軽だし、魚だけど食べごたえもある。味つけがシンプルだから食べ飽きないし、保存性も高いから買い置きもできる。

ちょっとお腹が気になってきたけど、毎日お酒を呑みたい僕としては、サバ缶をおつまみにしたい。そのまま食べても十分うまいんだけど、調味料をちょろっとかけたほうがより酒に合うし、どうせなら他の材料も合わせてサッと炒めればハフハフとビールも進む…。な〜んて考えていったら一冊の本になりました。（笑）

しょっちゅう食べたいから、なるべく楽チンな作り方を目指したし、味つけも和洋中エスニック問わずバリエーションをつけていったら、お酒もワインや日本酒なんでもあうじゃん！と大発見。

サバ缶ひとつで、ウチ呑みが居酒屋にもバルにもなる、とっておきの「おつまみレシピ」を、ぜひお試しください！

SABA ①
和えるだけ！かけるだけ！

- サバの月見オイスター　10
- サバの薬味ポン酢和え　12
- サバとセロリのごまマヨ和え　14
- サバときゅうりとわかめの酢の物　16
- サバの梅しそ大根　18
- サバとピーマンの塩昆布和え　20
- サバたくマヨ和え　22
- サバとアボカドのゆずこしょう和え　24
- サバとザーサイの中華和え　26
- サバの豆乳キムチ和え　28
- サバとパクチーのエスニック和え　30
- サバのメキシカンディップ　32
- サバとしそのオリーブオイル和え　34
- キャロットラペ　36

SABA ②
お惣菜にプラスして！

- サバのチーズリエット 40
- クリームブルスケッタ 42
- サバのイタリアンサラダ 44
- サバのトマトファルシー 46
- 南蛮のっけ 48
- タイ風サバやっこ 50
- 三色納豆 52

- ポテサバ 54
- サバとほうれん草のごま和え 56
- サバきんぴら 58
- サバの白和え 60
- サバと春雨のサラダ 62

SABA ③
フライパンひとつで！

アクアパッツァ	70
アヒージョ	72
じゃがいもと**サバ**のガレット	74
サバター	76
サバのてりやきつみれ	78
サバとゴーヤーのチャンプルー	80
サバともやしの黒酢あん	82
ピカタ	84
サバのオムレツ	86

SPECIAL

サバラタトゥイユ 88
サバとレタスのペペロンチーノ炒め 90
サバそぼろのレタス包み 92
サバ大根 94
サバ豆腐 96
サバの柳川風卵とじ 98
サバのしょうが煮 100
サバ麻婆豆腐 102
サバピー 104
サバの回鍋肉 106
サバキムチ 108
チヂミ 110

SABA ④
トースターだけで！

\\あると便利な//
サバ缶の常備菜

SABA ⑤

〆のサバ！

［本書の決めごと］

＊使用するサバ缶は、すべて水煮です。
＊サバ缶は1缶200g（固形量160g）のものを使用しています。
＊1カップは200㎖、大さじ1は15㎖、小さじ1は5㎖です。
＊電子レンジは600Wです。

SABA ①

和えるだけ！かけるだけ！

サバの月見オイスター

とろとろ卵とオイスターソースで極上のつまみに！

【材料】

サバ缶（水煮）…1缶
温泉卵…１コ
細ねぎ…２本
オイスターソース…小さじ1
ごま油…小さじ1/2

【作り方】

❶ サバは汁気をきって、身を崩さずに耐熱容器に入れ、ラップをして電子レンジで２分加熱する。
❷ 温泉卵をのせ、小口切りにした細ねぎを散らす。
❸ オイスターソース、ごま油をかける。

サバの薬味ポン酢和え

薬味たっぷり！カツオのたたき風

材料

サバ缶(水煮)…1缶
にんにく…1かけ
かいわれ大根…1／2パック
ポン酢しょうゆ…大さじ2
おろししょうが…適量

作り方

①にんにくはごく薄切りに、かいわれ大根は根元を落とす。
②それぞれ冷水にさらし、水気をしっかりときる。
③サバは汁気をきって荒くほぐして盛りつける。にんにく、かいわれ大根をのせ、ポン酢しょうゆをかけて、おろししょうがを添える。

サバとセロリのごまマヨ和え

セロリの香りと食感が抜群のアクセント

材料

サバ缶（水煮）…1缶
セロリ…1／2本
マヨネーズ…大さじ2
紅しょうが…10g
黒すりごま…小さじ2

作り方

① セロリは筋を取り、ピーラーで5㎝長さに薄く削り、冷水にさらす。
② サバは汁気をきって、紅しょうが、マヨネーズと合わせ、細かくほぐすように混ぜる。
③ ②と水気をきったセロリを盛りつけ、黒すりごまをふる。

SABA ①

和えるだけ！ かけるだけ！

サバときゅうりとわかめの酢の物

よく冷やした日本酒のおともに！

材料

サバ缶（水煮）…1缶
きゅうり…1／2本
乾燥わかめ…大さじ1
塩…小さじ1／4

A
すし酢…大さじ2
水…大さじ2
サバ缶の汁…全量

作り方

① サバは汁気をきって粗くほぐす。きゅうりは2～3㎜幅の輪切りにし、塩もみして10分おき、水分をしぼる。わかめは水でもどす。
② ボウルに**A**の材料を混ぜ合わせる。
③ サバ、きゅうり、わかめを器に盛りつけ、②をかける。

サバの梅しそ大根

さっぱりとした和風のフィンガーフードです

材料

サバ缶（水煮）…1／2缶
大根（細）…適量
しそ…3枚
梅肉…1コ分
白いりごま…適量

作り方

① 大根は皮をむき、3㎜厚さの半月切りを12枚作る。しそは半分に切る。
② 大根の上にしそ、サバ、梅肉をのせ、白いりごまをふり、大根ではさむ。

SABA ①

和えるだけ！　かけるだけ！

サバとピーマンの塩昆布和え

テッパンの塩昆布ピーマンにサバをドッキング！

材料

サバ缶（水煮）…1缶
ピーマン…1コ
塩昆布…5g
溶き辛子…適量

作り方

①ピーマンは縦半分に切って種を取り除き、3㎜幅の半月切りにする。
②サバは汁気をきって、塩昆布とピーマンと合わせ、サバを粗くほぐしながら混ぜる。
③②を器に盛りつけて、溶き辛子を添える。

SABA ①

和えるだけ！ かけるだけ！

サバたくマヨ和え

パリパリの海苔で巻きたてをいただきます

材料

サバ缶（水煮）…1／2缶
たくあん…10g
マヨネーズ…大さじ1と1／2
焼き海苔…1枚

作り方

① サバは汁気をきってほぐす。たくあんは細切りにする。焼き海苔は8等分に切る。
② サバ、たくあん、マヨネーズを混ぜ合わせる。
③ 器に②を盛りつけて、焼き海苔で巻いていただく。

サバとアボカドのゆずこしょう和え

アボカドカップは、おもてなしにも使えます

材料

サバ缶（水煮）…1／2缶
アボカド…1／2コ
ゆずこしょう…小さじ1／4

作り方

① アボカドはスプーンなどで皮から実をすくい取り、1cm角に切る。皮はとっておく。
② サバは汁気をきって粗くほぐし、アボカド、ゆずこしょうと混ぜ合わせる。
③ ②をアボカドの皮に詰める。

サバとザーサイの中華和え

ビールはもちろん、ときには本格的に紹興酒で！

材料

サバ缶（水煮）…1缶
ザーサイ…20g
長ねぎ…5㎝
ラー油…適量

作り方

① 長ねぎは縦に切れ目を入れて芯を除き、斜め薄切りにして水にさらす。ザーサイは5㎜幅の細切りにする。
② サバは汁気をきって耐熱容器に入れ、ラップをして電子レンジで1分30秒加熱する。
③ サバを粗くほぐし、水気をきった長ねぎ、ザーサイ、ラー油を混ぜ合わせる。

SABA ①

和えるだけ！ かけるだけ！

サバの豆乳キムチ和え

肌寒い日にもオススメの温かいつまみです

材料

サバ缶(水煮)…1缶
キムチ…30g
豆乳…1／4カップ

作り方

① サバは缶汁ごと耐熱容器に入れる。
② キムチと豆乳を加えてざっくりと混ぜ合わせ、ラップをして電子レンジで1分30秒加熱する。

サバとパクチーのエスニック和え

サバ缶はタイ風の味つけもバッチリ！

材料

サバ缶（水煮）…1缶
パクチー…1／2パック
ピーナッツ…10g
レモン…適量

A
ナンプラー…小さじ1
レモン汁…小さじ1

作り方

① パクチーは3㎝長さに切る。ピーナッツは粗くくだく。
② ボウルにAを合わせ、汁気をきったサバを加えて粗くほぐし、パクチーとピーナッツを混ぜ合わせる。
③ 器に盛りつけ、レモンを添える。

サバのメキシカンディップ

ピリ辛ディップは、ビールの最高のお友だち

材料

サバ缶（水煮）…1／2缶
プチトマト…3コ
ポテトチップス…適量
A ケチャップ…小さじ2
タバスコ…適量

作り方

① プチトマトは4等分に切る。
② ボウルにAを合わせ、汁気をきったサバを加えて細かくほぐす。プチトマトを加え、軽くつぶして混ぜる。
③ 器に②のディップを盛りつけ、ポテトチップスですくっていただく。

サバとしそのオリーブオイル和え

これが意外にも、日本酒や焼酎にもあうんです

材料

サバ缶（水煮）…1缶
しそ…3枚
くるみ…適量
オリーブ油…小さじ2
塩…少々

作り方

①サバは汁気をきって粗くほぐす。しそは手でちぎる。くるみはくだく。
②サバ、しそ、くるみを混ぜ合わせ、オリーブ油と塩で和える。

キャロットラペ

定番のフランスのお惣菜に、サバをプラスしてみました

材料

サバ缶(水煮)…1／2缶
にんじん(小)…1／2本
粗びき黒こしょう…少々

A
酢…小さじ2
はちみつ…小さじ1
オリーブ油…小さじ1
塩…小さじ1／4

作り方

① ボウルにAを合わせ、スライサーなどで細切りにしたにんじんを入れて混ぜ合わせ、10分ほどおく。
② サバの汁気をきって①に加え、粗くほぐしながら混ぜ合わせる。
③ 器に盛りつけ、粗びき黒こしょうをふる。

サバのスイートポテサラ

さつまいもを器に使って、ワンランク上の盛りつけに

材料

サバ缶（水煮）…1／2缶
さつまいも（小）…1／2本
粗びき黒こしょう…少々
A ヨーグルト…大さじ2
オリーブ油…大さじ1／2
塩…少々

作り方

① 縦半分に切ったさつまいもはキッチンペーパーで包んで水をかけ、ラップで包んで電子レンジで5～6分加熱する。粗熱がとれたら中身をくりぬき、底の部分は平らに切る。
② ボウルにさつまいもの中身を入れてフォークでつぶし、汁気をきったサバ、Aを加えて混ぜ合わせる。
③ 中身をくりぬいたさつまいもに②を詰め、粗びき黒こしょうをふる。

和えるだけ！ かけるだけ！

サバのチーズリエット

超簡単なのに味はバッチリ本格フレンチ

材料

サバ缶（水煮）…1／2缶
クリームチーズ…50g
塩…少々
バゲットの薄切り…適量

作り方

① サバは汁気をきり、あればフードプロセッサーにかけて細かくすりつぶす。なければフォークなどで細かくつぶす。
② ①のサバと、常温にもどしたクリームチーズ、塩をしっかりと混ぜ合わせ、時間があれば、冷蔵庫で冷やし固める。
③ トーストしたバゲットを添える。

クリームブルスケッタ

ソースがしみたパンとサバでビストロ気分

材料

サバ缶（水煮）…1／2缶
バゲット…適量
パセリ…適量
A
生クリーム…大さじ2
オリーブ油…大さじ1
塩…小さじ1／4
おろしにんにく…少々

作り方

① バゲットは厚切りにしてトーストする。パセリはみじん切りにする。
② Aをとろっとするまで、よく混ぜ合わせる。
③ バゲットに汁気をきったサバをのせ、②とパセリをかける。

和えるだけ！ かけるだけ！

サバのイタリアンサラダ

ここはやっぱり、白ワインの出番でしょう！

材料

サバ缶（水煮）…1缶
プチトマト…6コ
バジル…6枚

A
オリーブ油…大さじ1
粉チーズ…大さじ1／2
塩…少々

作り方

① プチトマトは半分に切る。
② ボウルにAを合わせ、汁気をきったサバを加えて、粗くほぐしながら混ぜ合わせる。
③ プチトマトとちぎったバジルを混ぜる。

ALSACE

SABA ①

和えるだけ！ かけるだけ！

サバのトマトファルシー

なんと、味つけはお茶漬けの素だけ！

材料

サバ缶(水煮)…1／2缶
トマト…1コ
お茶漬け海苔…1袋
ごま油…適量

作り方

① トマトの底面と上面を切り落とし、中身をくり抜く。
② サバは汁気をきって細かくつぶし、トマトの中身、お茶漬け海苔を少量残して混ぜる。
③ 中身をくり抜いたトマトに②を詰め、ごま油、残りのお茶漬け海苔をかける。

SABA ①

和えるだけ！ かけるだけ！

南蛮のっけ

手軽だけど、南蛮漬けのおいしさそのまま

材料

サバ缶（水煮）…1缶
玉ねぎ…1／4コ
にんじん（細）…3㎝

A
しょうゆ…大さじ1
酢…小さじ2
サラダ油…小さじ2
はちみつ…小さじ1
唐辛子の輪切り…1本分

作り方

① 玉ねぎは繊維と垂直にごく薄切りに、にんじんは2㎜幅の細切りにする。
② 玉ねぎとにんじんをAで和え、10分ほどおく。
③ サバの汁気をきって電子レンジで1分30秒加熱し、器に盛りつけて②を汁ごとかける。

SABA ①

和えるだけ！ かけるだけ！

タイ風サバやっこ

スイートチリソースでエスニックなつまみに

材料

サバ缶（水煮）…1／2缶
絹ごし豆腐…1／2丁
細ねぎ…1本
塩…少々
スイートチリソース…適量

作り方

①サバは汁気をきって粗くほぐす。細ねぎは3cm長さの斜め切りにして水にさらす。
②絹ごし豆腐は食べやすい大きさに切って器に盛りつけ、塩をふる。
③サバと細ねぎをのせ、スイートチリソースをかける。

三色納豆

混ぜ方ひとつで味が変わる。これぞ酒呑みのつまみ

材料

サバ缶（水煮）…1／2缶
ひきわり納豆…1パック
しそ…1／2枚
卵黄…1コ
海苔の細切り…適量
しょうゆ…適量
わさび…適量

作り方

① サバは汁気をきって粗くほぐす。納豆はよくかき混ぜる。
② 器にサバと納豆を盛りつけ、しそ、卵黄、海苔の細切りをのせる。
③ しょうゆをかけて、わさびを添える。

SABA ②

お惣菜にプラスして！

ポテサバ

いつものポテサラにうまみとボリュームをプラス

【材料】
サバ缶（水煮）…1/2缶
ポテトサラダ（市販）…100g
ソース…適宜

【作り方】
❶ サバは汁気をきって粗くほぐす。
❷ サバとポテトサラダを混ぜ合わせる。
❸ 器に盛りつけ、好みでソースをかける。

SABA②

お惣菜にプラスして！

サバとほうれん草のごま和え

いっそう健康的なつまみになりました

材料

サバ缶（水煮）…1／2缶

ほうれん草のごま和え（市販）…100g

作り方

① サバは汁気をきってつぶす。

② サバとほうれん草のごま和えを混ぜ合わせる。

サバきんぴら

ビール、日本酒、焼酎…なんでも来いって一皿

材料

サバ缶（水煮）…1／2缶
きんぴらごぼう（市販）…50g

作り方

① サバは汁気をきってつぶす。
② サバときんぴらを混ぜ合わせる。

SABA②

お惣菜にプラスして！

サバの白和え

いろんな具材が入っているから食べ飽きません

材料

サバ缶（水煮）…1／2缶
白和え（市販）…50g

作り方

① サバは汁気をきって粗くほぐす。
② サバと白和えを混ぜ合わせる。

SABA②

お惣菜にプラスして!

サバと春雨のサラダ

お酢の酸味とサバの脂がよくあいます

材料

サバ缶(水煮)…1/2缶
中華春雨サラダ(市販)…50g
練り辛子…適宜

作り方

① サバは汁気をきって器に盛りつける。
② 中華春雨サラダをかけて、好みで練り辛子を添える。

お惣菜にプラスして！

サバと漬物の和風和え

漬物の盛り合わせが食べごたえのあるつまみに変身

材料

サバ缶（水煮）…1／2缶
漬物盛り合わせ
（市販・きゅうり、大根、にんじん、なす）…50g
おろししょうが…適量
しょうゆ…適量

作り方

①サバは汁気をきって細かくほぐす。漬物は7～8㎜角に刻む。
②サバと漬物を混ぜ合わせる。
③器に盛りつけ、おろししょうがをのせ、しょうゆをかける。

SPECIAL

サバ缶を作ってみた！

パパッと手軽につまみが完成。
それがサバ缶のいいところ。
なのですが、あえてサバの水煮から作ってみました！

作ってみよう！

【材料】
真サバ…２尾（正味500ｇ）
塩…小さじ１（=5ｇ・サバの重量の1%）
酒…大さじ２
水…適量（２カップ）

1

まずはサバのウロコを取って、頭を切り落とします。

2

腹ワタを取り除き、キレイになるまで水洗い。

3

大胆にぶつ切りにします。5cm 幅くらいに。

4

圧力鍋に並べ入れ、塩、酒を加え、水をひたひたまで注いで、火にかけます。

5

沸騰してきたらアクを取る
——これ大事です！

6

アクを取ったらフタをして、
弱火にし、いよいよ圧力を
かけます。

7

45分火にかけたら火を止
め、圧力が下がるまで待ち
ます。

8

これで完成！　骨までやわらかくなってますよ！

缶に詰めて、
缶詰にしちゃいます。

ラベルも作ってみましたよ。
「きじま印の**僕のサバ缶**」完成です！

SABA ③

フライパンひとつで！

アクアパッツァ

イタリアンの定番も、缶詰だから超時短

【材料】

サバ缶（水煮）…1缶
にんにく…1かけ
プチトマト…5コ
オリーブ…5コ
水…1/2カップ
塩…少々
オリーブ油…大さじ2
イタリアンパセリ…適宜

【作り方】

❶ にんにくは粗みじん切りに、プチトマトはヘタを取る。
❷ フライパンににんにくとオリーブ油大さじ1を入れて弱火にかけ、香りが立ったらプチトマト、オリーブ、サバを缶汁ごと加え、水を注いで中火にする。
❸ 沸騰したら5分ほど煮て、塩で味をととのえ、オリーブ油大さじ1を回しかける。あればイタリアンパセリのみじん切りを散らす。

フライパンひとつで！

アヒージョ

具材を煮たオイルもおいしいので、バゲットに浸して

材料

サバ缶（水煮）…1缶
マッシュルーム…4コ
にんにく…1かけ
唐辛子…1本
塩…少々
オリーブ油…大さじ3〜4
バゲット…適宜

作り方

① マッシュルームは縦半分に切る。にんにくは縦半分に切って芯を取り除く。
② サバは汁気をきって縦半分に割って小さめのフライパンに入れ、マッシュルーム、にんにく、唐辛子、塩を加えてオリーブ油を回しかける。
③ 中火にかけ、温まったら8〜10分ほど煮る。好みでバゲットを添える。

フライパンひとつで！

じゃがいもとサバのガレット

カリッとホクホクで、たまらなくうまい！

材料

サバ缶（水煮）…1／2缶
じゃがいも（中）…1コ（150g）
オリーブ油…大さじ2
塩、こしょう…各少々
粒マスタード…適宜
ケチャップ…適宜

作り方

①サバは汁気をきってボウルに入れ、細かくつぶす。
②じゃがいもは皮をむき、スライサーなどでせん切りにして①のボウルに入れて混ぜ合わせる。
③フライパンにオリーブ油、②を2等分して入れて中火にかける。焼き色がついたら裏返し、さらに3～4分焼く。取り出して塩こしょうし、好みで粒マスタードやケチャップを添える。

＊じゃがいものでんぷん質で固めるので、切ったじゃがいもは水にさらさないこと。

フライパンひとつで！

サバター

お酒がすすむバターとしょうゆの黄金コンビ

材料

サバ缶（水煮）…1缶
バター…20g
酒…大さじ1
細ねぎ…4本
しょうゆ…小さじ1

作り方

①細ねぎは小口切りにする。
②フライパンにバターの半量を入れて火にかけ、溶けてきたら汁気をきったサバを入れる。
③酒を加え、ほぐしながら2〜3分炒めて器に盛りつけ、細ねぎ、残りのバターをのせてしょうゆをかける。

SABA③

フライパンひとつで!

サバのてりやきつみれ

しょうがをきかせて、両面をこんがり焼きつけます

材料

サバ缶(水煮)…1缶
薄力粉…大さじ1と1/2
サラダ油…大さじ1/2
キャベツのせん切り…適量
マヨネーズ…適量

A
しょうゆ…大さじ1
酒…大さじ2
みりん…大さじ1/2
おろししょうが…小さじ1/2

作り方

① サバは汁気をきってボウルに入れ、細かくつぶして薄力粉と混ぜ合わせ、4等分にして丸く形を整える。
② フライパンにサラダ油をひいて①を並べ入れて火にかけ、焼き色がついたら裏返して2分ほど焼きつける。
③ キッチンペーパーで余分な油を拭き取り、混ぜ合わせたAを加えて煮からめる。キャベツとマヨネーズを添える。

SABA③

フライパンひとつで！

サバとゴーヤーのチャンプルー

ビールや泡盛で、沖縄気分を堪能

材料

サバ缶（水煮）…1／2缶
ゴーヤー（小）…1／2本
溶き卵…1コ分
花かつお…1g
サラダ油…小さじ1／2
A しょうゆ…小さじ1
A みりん…小さじ2
塩…少々

作り方

① ゴーヤーは種を取り除いて7～8㎜幅の半月切りにする。

② フライパンにサラダ油を熱し、ゴーヤーをしんなりするまで炒める。

③ サバを缶汁ごと加えてほぐしながら炒め、Aで調味して汁気が飛んだら溶き卵を加えてざっくりと混ぜ、卵が固まったら器に盛りつける。花かつおをのせる。

SABA③

フライパンひとつで!

サバともやしの黒酢あん

缶汁を使ってコクと酸味のあんに仕上げます

材料

サバ缶(水煮)…1缶
もやし…100g
サラダ油…小さじ2
水…大さじ1
片栗粉…小さじ2

A
水…1/2カップ
黒酢…大さじ2
しょうゆ…大さじ1
砂糖…大さじ1/2

作り方

① フライパンにサラダ油を熱し、もやしを入れて、しんなりするまで1分ほど炒める。
② Aとサバを缶汁ごと加えて2分ほど煮る。
③ 水と片栗粉を混ぜ合わせて②に加え、とろみがつくまで煮詰める。

ピカタ

たっぷりまとわせた卵の衣で、サバがふっくら蒸し焼きに

材料

サバ缶（水煮）…1缶
薄力粉…適量
溶き卵…1コ分
サラダ油…大さじ1／2
ベビーリーフ…適量
A マヨネーズ…大さじ1
酢…小さじ1

作り方

① サバは汁気をきって縦半分に割り、薄力粉をまぶす。
② フライパンにサラダ油を熱し、サバに溶き卵をからめて並べ入れる。焼き色がついたら裏返し、弱火で2分ほど焼く。
③ ベビーリーフを敷いた器に盛りつけ、混ぜたAを添える。

SABA③

フライパンひとつで！

サバのオムレツ

フライパンの形に丸く焼く、スペイン風のオムレツです

材料

サバ缶（水煮）…1缶
卵…4コ
ピザ用チーズ…20g
塩、こしょう…各少々
サラダ油…小さじ2

作り方

①サバは汁気をきってボウルに入れて細かくほぐし、卵、ピザ用チーズ、塩、こしょうを加えてしっかりと混ぜる。

②20㎝のフライパンにサラダ油を熱し、①を流し入れて大きくかき混ぜながら火を入れる。

③全体が半熟になったらフタをして弱火で3分ほど焼き、裏返してフタをして5分ほど焼く。取り出して食べやすい大きさに切る。

フライパンひとつで！

サバラタトゥイユ

できたても、冷やして食べてもおいしい

材料

サバ缶（水煮）…1缶
なす…2本
玉ねぎ…1/2コ
ズッキーニ…1/2本
トマト…2コ
オリーブ油…大さじ1
塩…少々
A 白ワイン…大さじ3
塩…小さじ1/2

作り方

① なす、玉ねぎ、ズッキーニ、トマトは1.5㎝角に切る。
② フライパンにオリーブ油を熱して玉ねぎを炒め、しんなりしたらなす、ズッキーニ、トマト、汁気をきったサバを加えてさっと炒める。
③ Aを加え、フタをして弱火で10～15分ほど煮る。塩で味をととのえる。

＊余ったらパスタソースに。

SABA③

フライパンひとつで！

サバとレタスのペペロンチーノ炒め

ピリッとにんにく風味は、ビールでも白ワインでも

材料

サバ缶（水煮）…1缶
レタス…1／4コ（100g）
にんにく…1かけ
オリーブ油…大さじ1
唐辛子の輪切り…1本分
塩…少々

作り方

① レタスは手で粗めにちぎり、にんにくは粗みじん切りにする。
② フライパンににんにくとオリーブ油を入れて中火にかけ、香りが立ったら唐辛子と汁気をきったサバ、レタスを加える。
③ 塩をふり、レタスがしんなりするまで炒める。

SABA ③

フライパンひとつで！

サバそぼろのレタス包み

レタスに包んで、パクッとひと口でいってください

材料

サバ缶(水煮)…1缶
長ねぎ…8㎝
ごま油…小さじ1
豆板醤…適量
レタス…4枚

A
しょうゆ…小さじ2
砂糖…小さじ1

作り方

① 長ねぎは縦半分に切り、芯の部分は粗みじん切りにする。まわりの白い部分は斜め薄切りにして水にさらし、水気をきる。

② フライパンにごま油を熱し、汁気をきったサバを入れて、細かくほぐしながら炒める。A、粗みじん切りにした長ねぎを加え、汁気を飛ばしながら炒める。

③ 器に盛りつけて豆板醤と斜め薄切りの長ねぎを添え、レタスで包みながらいただく。

サバ大根

大根は薄めに切ることで、短時間でも味がしみる

材料

サバ缶（水煮）…1缶
大根（細）…5㎝
しょうが…1かけ
みつば…適宜

A
水…3／4カップ
みそ…大さじ2
みりん…大さじ1
砂糖…大さじ1

作り方

① 大根は皮を厚めにむいて1㎝幅の半月切りにする。しょうがは皮ごと薄切りにする。
② フライパンに大根とかぶるくらいの水（分量外）を加えて火にかける。沸騰したら弱火で10分ほどゆでて、ゆで汁を捨てる。
③ ②のフライパンにA、しょうが、サバを缶汁ごと加えて火にかけ、煮立ったら落とし蓋をして5分ほど煮る。あればみつばを添える。

サバ豆腐

肉豆腐をアレンジした居酒屋風おつまみ

材料

サバ缶（水煮）…1缶
木綿豆腐…1／2丁
長ねぎ…1／2本
七味唐辛子…適量

A
水…1カップ
麺つゆ（3倍濃縮タイプ）…大さじ3
砂糖…大さじ1

作り方

① 豆腐は食べやすい大きさに、長ねぎは1㎝幅の斜め切りにする。
② フライパンにA、豆腐、長ねぎ、サバを缶汁ごと入れて火にかける。沸騰したらフタをして、弱火で10分煮る。
③ 盛りつけて七味唐辛子をふる。

SABA③

フライパンひとつで！

サバの柳川風卵とじ

本家のどじょうより、クセがなくて食べやすい

材料

サバ缶（水煮）…1／2缶
ごぼう（細）…15㎝
溶き卵…1コ分
長ねぎ…5㎝
粉山椒…適量
A
水…1／2カップ
麺つゆ（3倍濃縮タイプ）…大さじ1と1／2

作り方

① ごぼうは皮をむき、斜め薄切りにする。長ねぎは小口切りにする。
② 20㎝のフライパンにAを合わせ、ごぼう、サバを缶汁ごと加えて粗くほぐし、火にかける。沸騰したらフタをして弱火で5分煮る。
③ 溶き卵を回し入れ、フタをしてさらに1分煮る。器に盛りつけ、長ねぎ、粉山椒をかける。

青春出版社 出版案内
http://www.seishun.co.jp/

青春新書 PLAY BOOKS

座りっぱなしでも病気にならない1日3分の習慣

▼座ったまま動かない習慣の血管リスクはタバコに匹敵!?

高血圧、糖尿病、脂質異常、心臓病、脳卒中、認知症、便秘、うつ…の予防法

★テレビで大人気、"血管先生"の決定版!

医学博士 池谷敏郎

新書判 1000円+税

978-4-413-21112-3

「奨学金」を借りる前にゼッタイ読んでおく本

高校生の親から、大学生、留学・大学院進学を考える学生まで

同じ額を借りても「返還額が100万円以上」変わる!?

子どもの将来・親の老後をつぶさない、上手な借り方・返し方とは!

続々重版、奨学金マニュアルの決定版!

ファイナンシャル・プランナー 竹下さくら

新書判 1000円+税

978-4-413-21110-9

〒162-0056 東京都新宿区若松町12-1 ☎03(3203)5121 FAX 03(3207)0982
書店にない場合は、電話またはFAXでご注文ください。代金引換宅配便でお届けします(要送料)。
＊表示価格は本体価格。消費税が加わります。

1806実-A

青春新書 INTELLIGENCE こころ涌き立つ「知」の冒険

青春新書インテリジェンス

普通のサラリーマンでも資産を増やせる
「出直り株」投資法
買い時・売り時が一目瞭然!「投資慣れ」していない人ほどうまくいく!!
川口一晃 920円

腸から体がよみがえる「胚酵食」
ボケない! 病気にならない! 現役医師が実践する食べ方、生き方
森下敬一
石原結實 920円

健康診断 その「B判定」は見逃すと怖い
20万人の健診結果から見えてきた隠れた病気のサイン
奥田昌子 880円

偏差値29でも東大に合格できた!
「捨てる」記憶術
学校では教えてくれない、常識破りの超効率暗記法
杉山奈津子 900円

自律神経を整えるストレッチ
自律神経の乱れは、体の歪みが原因だった!
原田賢 880円

40歳から眼がよくなる習慣
老眼、スマホ老眼、視力低下…に1日3分の特効!
日比野佐和子
林田康隆 920円

最短で老後資金をつくる
確定拠出年金こうすればいい
やらない手はない! 50歳からでもできる究極の自分年金づくり!
中桐啓貴 820円

人は死んだらどこに行くのか
仏教、キリスト教…各宗教の死に方がわかると、いまの社会が見えてくる
島田裕巳 830円

「減塩」が病気をつくる!
体を温め、代謝を上げ、病気を遠ざける―塩のすごい効果の引き出し方
石原結實 980円

スマートフォン その使い方では年5万円損してます
話題の格安SIM。デジタルが苦手な人でもこれなら確実に得をする!
武井一巳 880円

「血糖値スパイク」が心の不調を引き起こす
最新栄養医学でわかった自律神経と食べ物の関係とは?
溝口徹 850円

「糖質制限」その食べ方ではヤセません
最新栄養科学でわかった! 確実に体脂肪を落とし、健康になる実践ヒント
大柳珠美 850円

頭痛は「首」から治しなさい
薬なしで頭痛を治すカギは「血流」にあった! 頭痛にならない新習慣
青山尚樹 930円

抗がん剤の辛さが消える
速効! 漢方力
体の治す力を引き出し、がんと闘える体をつくる「サイエンス漢方」とは
井齋偉矢 880円

公立中高一貫校に合格させる
塾は何を教えているのか
もうひとつの中学受検―家では対策しにくい「適性検査」に合格する勉強法とは?
おおたとしまさ 790円

病気知らずの体をつくる
粗食のチカラ
時間も手間もかけなくていい! 15分で作れる「体にいい」食べ方新常識
幕内秀夫 950円

1806実-B

〈新書の図説は本文2色刷・カラー口絵付〉

こころを支える「教え」の真髄

[新書] 図説 あらすじでわかる！ 日本の神々と神社
日本人なら知っておきたい、魂の源流。
三橋 健 1050円

[新書] 図説 あらすじでわかる！ 親鸞の教え
なぜ、念仏を称えるだけで救われるのか。阿弥陀如来の救いの本質に迫る！
加藤智見 990円

[新書] 図説 あらすじでわかる！ 法然と極楽浄土
地獄とは何か、極楽とは何か…法然の生涯と教えの中に浄土への道しるべがあった。
林田康順【監修】 1133円

[新書] 図説 真言密教がわかる！ 空海と高野山
なるほど、こんな世界があったのか！空海が求めた救いと信仰の本質にふれる。
中村本然【監修】 1114円

[新書] 図説 あらすじでわかる！ 今昔物語集と日本の神と仏
羅城門の鬼、空海の法力…日本人の祈りの原点にふれる1059の物語
小峯和明【監修】 1133円

[新書] 図説 地図とあらすじでわかる！ 古事記と日本の神々
日本神話に描かれた知られざる神々の実像とは！
吉田敦彦【監修】 1133円

[新書] 図説 あらすじでわかる！ 日本の仏
釈迦如来、阿弥陀如来、不動明王…なるほど、これなら違いがわかる！
速水 侑【監修】 980円

[新書] 図説 生き方を洗いなおす！ 地獄と極楽
あらすじと絵で読み解く「あの世」の世界！仏教の死生観とは？
速水 侑【監修】 1181円

[新書] 図説 地図とあらすじでわかる！ 山の神々と修験道
日本人は、なぜ「山」を崇めるようになったのか！
鎌田東二【監修】 1120円

[新書] 浄土真宗ではなぜ「清めの塩」を出さないのか
大人の教養として知っておきたい日本仏教、七大宗派のしきたり。
向谷匡史 940円

[B6判] 小さな疑問から心を浄化する！ 日本の神様と仏様大全
神様・仏様の全てがわかる決定版！いまさら聞けない163項！
三橋 健 廣澤隆之【監修】 1000円

[新書] 図説 あらすじでわかる！ 日蓮と法華経
なぜ法華経は「諸経の王」といわれるのか。混沌の世を生き抜く知恵！
永田美穂【監修】 1133円

[新書] 図説 一度は訪ねておきたい！ 日本の七宗と総本山・大本山
日本仏教の原点に触れる、心洗われる旅をこの一冊で！
永田美穂【監修】 1210円

[新書] 図説 日本人の源流をたどる！ 伊勢神宮と出雲大社
様々な神事、信仰の基盤など、二大神社の全貌に迫る。
瀧音能之【監修】 1100円

[B6判] 古代日本の実像をひもとく 出雲の謎大全
「神々の国」で、何が起きたのか。日本人が知らなかった日本古代史の真相。
瀧音能之 1000円

[新書] 運を開く 神社のしきたり
ご利益を頂いている人はいつも何をしているのか？神様に好かれる習慣
三橋 健 890円

表示は本体価格

新しい生き方の発見！　毎日が楽しくなる

四六判並製

邪気を落として幸運になる
ランドリー風水
毎日の〝プチ開運行事〟で服から運気が上がります。
北野貴子
1400円

男の子は
「脳の聞く力」を育てなさい
1万人の脳からわかった真実…男の子の「困った」の9割はこれで解決する！
加藤俊徳
1300円

子どもの腸には毒になる
食べもの　食べ方
免疫病治療の第一人者が実証！　体と脳の健康は3歳までに決まる！
西原克成
1350円

幸運が舞いおりる
「マヤ暦」の秘密
あなたの誕生日に隠された運命を開くカギとは？
木田景子
1380円

薬を使わない精神科医の
「うつ」が消えるノート
「薬を使わない精神科医」の著者が教える、書くことで「心のクセ」をなおす方法
宮島賢也
1400円

モンテッソーリ流
たった5分で「言わなくてもできる子」に変わる本
「言葉」で動かなかった子が、面白いほどできるようになる秘密のスイッチとは
伊藤美佳
1400円

7日間で運命の人に出会う！
頭脳派女子の婚活力
〝自分に合う〟恋愛と結婚とは！　婚活スペシャリストが教える、最高の婚活テク
佐藤律子
1400円

100歳まで歩ける
「やわらかおしり」のつくり方
一生健康でいるために欠かせない「お尻のゆるめ方」を伝授します！
磯﨑文雄
1300円

スキンケアは「引き算」が正しい
最少ケアでできる、美容皮膚科医が教える最強の美肌メソッド！
吉木伸子
1300円

「ことば力」のある子は必ず伸びる！
知識を持っているだけでは勝てない時代に、子どもの生きる力を育む
髙取しづか
1300円

中学受験
見るだけでわかる社会のツボ
社会こそ親の出番！カリスマ講師が最短でできる社会攻略のコツを伝授
馬屋原吉博
1650円

男の婚活は会話が8割
カリスマ婚活アドバイザーが伝授する！　女性との会話の「コツ」と「ツボ」
植草美幸
1360円

変わる入試に強くなる
小3までに伸ばしたい「作文力」
記述・語彙・読解力に差がつく！　中学入試作文必勝テクニック付き！
樋口裕一・白藍塾
1350円

10歳までに身につけたい
一生困らない子どものマナー
親子で知りたい、ちょっとした作法とは？
西出ひろ子【著】
川道映里【協力】
1380円

中学受験
偏差値20アップを目指す逆転合格術
「点のとり方」さえわかれば〝どん底〟からでもグンと伸びる！
西村則康
1480円

中学受験は親が9割　最新版
合格する親子が知っている頭のいい塾の使い方とは
西村則康
1480円

表示は本体価格

サバのしょうが煮

ゆったり飲みながらつまみたい、佃煮風の煮物

材料

サバ缶（水煮）…1缶
しょうが…2かけ

A
水…大さじ3
しょうゆ…大さじ3
砂糖…大さじ2
みりん…大さじ1

作り方

① しょうがは皮ごと細切りにする。
② フライパンにA、しょうがを合わせ、サバを缶汁ごと加えて火にかける。
③ 煮立ったら落とし蓋をして、ごく弱火で15分ほど煮る。火を止めて粗熱をとる。

SABA③ フライパンひとつで!

サバ麻婆豆腐

ひき肉をサバに変えたら、つまみになった!

材料

サバ缶(水煮)…1/2缶
絹ごし豆腐…1/2丁
水…小さじ2
片栗粉…小さじ1
ラー油…適量

A
水…大さじ5
ごま油…小さじ2
鶏がらスープの素…小さじ1/2
オイスターソース…小さじ1
しょうゆ…小さじ1/2
豆板醤…小さじ1/2

作り方

① フライパンにサバを缶汁ごと加えて木ベラでつぶし、Aを加えて火にかける。
② 煮立ったら豆腐を1・5㎝角に切って加え、弱火で5分ほど煮る。
③ 水と片栗粉を混ぜ合わせて②に加え、とろみをつける。仕上げにラー油をかける。

フライパンひとつで！

サバピー

サバとピーマンだけで作るチンジャオロースー

材料

サバ缶（水煮）…1缶
ピーマン…2コ
ごま油…小さじ1
A
オイスターソース…小さじ1
しょうゆ…小さじ1／2
おろしにんにく…少々

作り方

①ピーマンは細めの乱切りにする。
②フライパンにごま油を熱し、汁気をきったサバをほぐしながら炒める。
③ピーマン、Aを加え、汁気を飛ばしながら炒め合わせる。

フライパンひとつで！

サバの回鍋肉

豚肉もいいけど、サバでもいける！

材料

サバ缶(水煮)…1／2缶
キャベツ…100g
ごま油…小さじ1

A
みそ…小さじ1と1／2
砂糖…小さじ1
しょうゆ…小さじ1
豆板醤…小さじ1／2

作り方

① サバは汁気をきる。キャベツは4㎝角に切る。
② フライパンにごま油を熱し、キャベツを炒める。しんなりしてきたらサバを加えてさっと炒める。
③ **A**を加えて汁気を飛ばしながら炒める。

サバキムチ

実は、サバとキムチは好相性なんです

材料

サバ缶（水煮）…1缶
キムチ…50g
にら…1／2束
塩…少々
ごま油…小さじ2

作り方

①サバは汁気をきる。キムチはざく切りに、にらは4㎝長さに切る。
②フライパンにごま油を熱し、キムチとサバを入れてさっと炒める。
③にらと塩を加えてさっと炒め合わせる。

SABA③

フライパンひとつで！

チヂミ

ビール片手に、むしゃむしゃ食べたい

材料

サバ缶(水煮)…1／2缶
玉ねぎ…1／4コ
にら…1／4束
ごま油…小さじ1

薄力粉…大さじ3
片栗粉…大さじ1
A 卵…1コ
水…大さじ2
鶏がらスープの素…小さじ1

しょうゆ…小さじ2
B 酢…小さじ2
白いりごま…小さじ1

作り方

① 玉ねぎは繊維と並行に5㎜幅に、にらは4㎝長さに切る。

② ボウルにAを合わせ、サバを缶汁ごと加えて粗くほぐす。玉ねぎ、にらも加え、時間があれば冷蔵庫で30分ほど休ませる。

③ フライパンにごま油を熱して②を流し入れ、片面に焼き色がついたら裏返して、さらに3分ほど焼く。食べやすく切って盛りつけ、混ぜ合わせたBを添える。

SABA ④

トースターだけで！

缶ごとグラタン

調理はすべて缶の中、なのにリッチな味わいに

【材料】

サバ缶（水煮）…1缶
玉ねぎ…1/8コ
ピザ用チーズ…20g

A
生クリーム…大さじ2
塩…少々
こしょう…少々

【作り方】

❶ 玉ねぎはみじん切りにする。
❷ サバは汁気をきって缶の中で粗くつぶし、❶の玉ねぎ、A、ピザ用チーズを少量残して混ぜ合わせる。
❸ 残りのピザ用チーズをかけて、オーブントースターで10分焼く。

＊缶は熱くなっているので、取り出すときはヤケドに注意。

トースターだけで！

ピッツア・サバティーニ

なんと、サバでピザ生地を作っちゃいました

材料

サバ缶（水煮）…1缶
薄力粉…大さじ2
ピザソース…大さじ2
ピザ用チーズ…20g
オリーブ油…適量

作り方

①アルミホイルに薄くオリーブ油を塗る。
②サバは汁気をきってしっかりとつぶす。薄力粉を混ぜ合わせ、アルミホイルの上に広げる。
③ピザソースを塗りつけてピザ用チーズを散らし、オーブントースターで10分焼く。

トースターだけで！

チーズ焼き

カマンベールとサバがこんなにあうなんて！

材料

サバ缶(水煮)…1缶
カマンベールチーズ…1/3コ

作り方

① サバは汁気をきって、耐熱容器に半分に割って並べる。
② カマンベールチーズは手でちぎってサバの上に散らす。
③ オーブントースターで10分焼く。

SABA④
トースターだけで！

香草パン粉焼き

焼いたパン粉が香ばしい、ワインのおつまみ

材料

サバ缶（水煮）…1缶

パン粉…大さじ4
オリーブ油…小さじ2
乾燥パセリ…小さじ1
水…小さじ1
おろしにんにく…小さじ1／4
塩…少々

(A: パン粉〜塩)

作り方

① サバは汁気をきり、耐熱容器に入れて粗くほぐす。
② Aは混ぜ合わせて香草パン粉を作る。
③ ②の香草パン粉をサバの上にかけ、オーブントースターで8分焼く。

さんが焼き

みその風味が酒呑み心を刺激する！

材料

サバ缶（水煮）…1缶
しそ…2枚
みょうが…1コ
サラダ油…適量
A
みそ…小さじ2
おろししょうが…小さじ1／2

作り方

①しそ、みょうがはみじん切りにする。
②サバの汁気をきってつぶし、A、①を混ぜ合わせる。
③薄くサラダ油を塗ったアルミホイルに②を広げて筋を入れ、オーブントースターで12分焼く。

トースターだけで!

きんちゃく焼き

サバを油揚げに詰めて、カリッと焼けばできあがり

材料

サバ缶（水煮）…1／2缶
細ねぎ…1本
油揚げ…1枚
A しょうゆ…適量
おろししょうが…適量

作り方

① サバは汁気をきってつぶし、小口切りにした細ねぎを混ぜる。
② 油揚げは半分に切って切り口から袋状に開き、①のサバを詰めて爪楊枝で口を閉じる。
③ アルミホイルにのせて、オーブントースターで5分焼き、盛りつけてAを添える。

トースターだけで！

卵黄焼き

ねっとり半熟の卵をサバにからめて

材料

サバ缶(水煮)…1缶
卵黄…1コ
長ねぎ…3㎝
しょうゆ…適量

作り方

① 長ねぎは粗いみじん切りにする。
② サバは汁気を軽くきり、缶のままオーブントースターで温める程度に5分ほど焼く。
③ ①の長ねぎを入れて卵黄をのせ、さらに5分焼き、しょうゆをかける。

＊缶は熱くなっているので、取り出すときはヤケドに注意。

SABA④

トースターだけで！

しいたけ焼き

マッシュルームで作るスペインのタパスを大胆アレンジ！

材料

サバ缶(水煮)…1／2缶
しいたけ…4枚
ごま油…小さじ1
青海苔…適量
A おろしにんにく…小さじ1／4
塩…小さじ1／4

作り方

① しいたけは軸を切り落とし、軸は縦に切る。
② サバの汁気をきってつぶし、しいたけの軸とAを混ぜる。
③ しいたけの傘に②のサバを詰めてごま油をかけ、耐熱容器に入れてオーブントースターで10分焼く。青海苔をかける。

＼＼あると便利な／／

サバ缶の常備菜

ゆで野菜や豆腐にかけたり、
ディップにしたり、パスタと和えたり…
作っておけば、あっという間に
おつまみが完成します！

サバそぼろ

［材料］
さば缶（水煮）…1缶

A
- 水…大さじ3
- しょうゆ…大さじ2
- 砂糖…大さじ1
- おろししょうが…小さじ1

サバみそ

［材料］
さば缶（水煮）…1缶

A
- 水…大さじ3
- みそ…大さじ1と1/2
- 酒…大さじ1
- みりん…大さじ1

サバ トマトソース

［材料］
さば缶（水煮）…1缶

A
- ケチャップ…大さじ3
- ウスターソース…大さじ1

作り方は3つとも同じ！

［作り方］
① 鍋にAを合わせ、サバを缶汁ごと加えて中火にかける。
② 煮立ったら弱火にし、サバを木ベラでつぶしながら、汁気が飛ぶまで10分ほど炒り煮にする。

SABA ⑤

〆のサバ!

ぶっかけ麺

飲んで食べて、さっぱり〆たいときはコレ!

【材料】

サバ缶(水煮)…1/2缶
そうめん…100g
大根おろし…適量
梅干し…1コ

A
麺つゆ(3倍濃縮タイプ)…大さじ1と1/3
冷水…80㎖
サバ缶の汁…1/2缶分

【作り方】

❶ そうめんはゆでて流水でぬめりを取り、水気をしっかりときって器に盛る。
❷ そうめんにサバ、大根おろし、梅干しをのせる。
❸ Aを混ぜ合わせて❷にかける。

和えうどん

冷凍うどんでちょっとジャンクな油そば風

材料

サバ缶（水煮）…1／2缶
冷凍うどん（電子レンジで加熱可）…1玉
細ねぎ…2本
おろしにんにく…小さじ1／4
粗びき黒こしょう…少々

A
サバ缶の汁…1／2缶分
ごま油…大さじ1／2
オイスターソース…大さじ1／2
鶏がらスープの素…少々

作り方

① 器にAを混ぜ合わせる。
② サバはつぶし、細ねぎは小口切りにする。
③ 冷凍うどんは電子レンジで加熱して①に入れ、②、おろしにんにくをのせて粗びき黒こしょうをふる。よく混ぜていただく。

サバのラグーソースパスタ

ワインを飲んだあとは、やっぱりパスタでしょう！

材料

サバ缶（水煮）…1／2缶
トマト缶（水煮）…1／4缶
オリーブ油…大さじ1／2
おろしにんにく…小さじ1／2
塩…小さじ1／4
こしょう…少々
パスタ…100g

作り方

①フライパンにオリーブ油とおろしにんにくを入れて弱火にかけ、香りが立ったらトマトの水煮を加えて中火にし、汁気を飛ばしながら2分ほど煮る。
②サバを缶汁ごと加え、つぶしながら2分ほど煮て、パスタのゆで汁大さじ1~2を加える。
③塩こしょうで味をととのえ、ゆでたパスタを和える。

サバ雑炊

缶汁ごと使うから、うまみたっぷりダシいらず

材料

サバ缶（水煮）…1／2缶
ごはん…1／2膳分
卵…1コ
細ねぎ…2本

A
水…1と1／4カップ
しょうゆ…小さじ1
塩…少々

作り方

① 卵は溶きほぐす。細ねぎは小口切りにする。
② 鍋にサバを缶汁ごと入れ、**A**を加えて中火にかける。沸騰したらごはんを加え、フタをして弱火で5分ほど煮る。
③ 溶き卵を流し入れ、ざっくりと混ぜて細ねぎを散らす。

冷や汁

ちょっと面倒な冷や汁も、缶詰を使えば超簡単

材料

サバ缶（水煮）…1／2缶
きゅうり…1／4本
水…1カップ
氷…適量
冷やごはん…1膳分
A 白すりごま…小さじ2
みそ…小さじ2

作り方

① きゅうりはごく薄い輪切りにする。
② ボウルにAを入れてよく混ぜ合わせ、サバを缶汁ごと加えて細かくつぶしながら混ぜる。水を少しずつ注ぎ混ぜ、きゅうりを加えて、氷を浮かべる。
③ ②を冷やごはんにかける。

サバの炊き込みごはん

炊飯器にセットするだけで激ウマ！

材料

サバ缶（水煮）…1缶
米…2合
黒いりごま…大さじ1／2
A
サバ缶の汁…全量
しょうゆ…大さじ1と1／2
酒…大さじ1と1／2

作り方

① 米は研いで炊飯器に入れ、Aを入れてから通常より少なめに水（分量外）を注ぐ。
② サバは粗くほぐし、①の米の上にのせ、通常通り炊飯する。
③ 炊き上がったらざっくりと混ぜ、器によそって黒いりごまをふる。

人生を自由自在に活動《プレイ》する
青春新書
PLAYBOOKS

人生の活動源として

いま要求される新しい気運は、最も現実的な生々しい時代に吐息する大衆の活力と活動源である。

文明はすべてを合理化し、自主的精神はますます衰退に瀕し、自由は奪われようとしている今日、プレイブックスに課せられた役割と必要は広く新鮮な願いとなろう。

いわゆる知識人にもとめる書物は数多く窺うまでもない。

本刊行は、在来の観念類型を打破し、謂わば現代生活の機能に即する潤滑油として、逞しい生命を吹込もうとするものである。

われわれの現状は、埃りと騒音に紛れ、雑踏に苛まれ、あくせく追われる仕事に、日々の不安は健全な精神生活を妨げる圧迫感となり、まさに現実はストレス症状を呈している。

プレイブックスは、それらすべてのうっ積を吹きとばし、自由闊達な活動力を培養し、勇気と自信を生みだす最も楽しいシリーズたらんことを、われわれは鋭意貫かんとするものである。

―創始者のことば― 小澤和一

[著者紹介]
きじまりゅうた
東京生まれ。祖母は料理研究家の村上昭子、母は同じく料理研究家の杵島直美という家庭に育ち、幼い頃から料理に自然と親しむ。アパレルメーカー勤務を経て、自身も料理研究家の道へ。杵島直美のアシスタントを務めて独立。
現在は、NHK『きじまりゅうたの小腹がすきました』などのテレビや雑誌、書籍、Webを中心に活躍。自身が主催する料理教室も開催している。

[staff]
〈撮影〉南雲保夫　〈スタイリング〉黒木優子　〈本文デザイン〉青木佐和子

[撮影協力]　UTUWA

まいにち絶品《ぜっぴん》!
「サバ缶《かん》」おつまみ
青春新書 PLAYBOOKS

2018年 5月20日　第1刷
2018年 8月30日　第7刷

著　者　きじまりゅうた

発行者　小澤源太郎

責任編集　株式会社プライム涌光
電話　編集部　03(3203)2850

発行所　東京都新宿区若松町12番1号 〒162-0056　株式会社青春出版社
電話　営業部　03(3207)1916　振替番号　00190-7-98602

印刷・大日本印刷　製本・フォーネット社

ISBN978-4-413-21113-0

©Kijima Ryuta 2018 Printed in Japan

本書の内容の一部あるいは全部を無断で複写(コピー)することは著作権法上認められている場合を除き、禁じられています。

万一、落丁、乱丁がありました節は、お取りかえします。

青春新書
PLAYBOOKS

きじまりゅうたの本

朝から うまっ
1分ごはん

きじまりゅうた

作って1分！ 食べて1分！
行ってきます!!

朝から うまっ
1分ごはん

作って1分！ 食べて1分！
「朝専用」のごはんです。

ISBN978-4-413-01908-8　本体1000円

お願い　ページわりの関係からここでは一部の既刊本しか掲載してありません。折り込みの出版案内もご参考にご覧ください。

※上記は本体価格です。（消費税が別途加算されます）
※書名コード（ISBN）は、書店へのご注文にご利用ください。書店にない場合、電話またはFax（書名・冊数・氏名・住所・電話番号を明記）でもご注文いただけます（代金引換宅急便）。商品到着時に定価＋手数料をお支払いください。
〔直販係　電話03-3203-5121　Fax03-3207-0982〕
※青春出版社のホームページでも、オンラインで書籍をお買い求めいただけます。
ぜひご利用ください。〔http://www.seishun.co.jp/〕

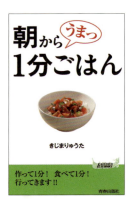